OVERCOMING SORROW

УТОЛИ МОИ ПЕЧАЛИ

Poems in English and Russian

by

Adolf Shvedchikov
АДОЛЬФ ШВЕДЧИКОВ

Editor: Michael M. Dediu
United States of America

DERC Publishing House
Tewksbury (Boston), Massachusetts, U. S. A.

Published and printed in the
United States of America

Library of Congress Cataloging in Publication Data

Shvedchikov, Adolf

Overcoming Sorrow
Poems in English and Russian

ISBN-978-1-939757-03-6

EDITOR'S NOTE

With an established reputation given by eight books, the first six books of poetry "I am an eternal child of spring", "Life's Enigma", "Everyone wants to be HAPPY", "My Life, My Love", "I am the gardener of love", and "Amaretta di Saronno", followed by a praised seventh prose book "A Russian rediscovers America", and the eighth, again a prodigious poetry book, "Parade of life", it is a great event to present this sublime ninth book, again of poetry, written by the leading poet Dr. Adolf P. Shvedchikov, who was nominated for the 2013 Nobel Prize in Literature.

This book is based on Dr. Shvedchikov's collection of poems, and on their translations in Russian.

The book is divided in three chapters, and each poem in English is followed by its Russian version.

I want to thank my wife Sophia for her continuous efforts in coordinating the editing of this book.

This new metaphysical poetry book, with unexpected chains of reasoning and incongruous mixes of the physical and spiritual worlds, with an exceptional proclivity for eternal love, will remain, together with the first eight books, on a distinctive and elevated place in the English and Russian literature.

Michael M. Dediu
U. S. A.

4 **Overcoming Sorrow**

ACKNOWLEDGEMENTS

I am very thankful to Dr. Michael M. Dediu, and to the Founder of "Friends Assisting Friends" Foundation Barbara DeKovner-Mayer and to Godfrey Harris, President of "Harris/Ragan Management Group" (U.S.A.) for their assistance and advice in producing of this book.

Adolf P. Shvedchikov, PhD, LittD

6 <u>Overcoming Sorrow</u>

Chapter 1. NOSTALGIA

CYPRESSES

Cypresses stand like candles in the silence before sunset.
The lazy wave licks the shore.
My soul wanders continuously around the world.
Time runs, pilgrim's crook still knocks,
And silence is spread everywhere…Suddenly I understand
That these huge cypresses are the same trees of my youth…

КИПАРИСЫ

В предзакатной тиши кипарисы застыли как свечи,
Лижет берег пологий устало морская волна.
И бредёт одиноко душа, опустив низко плечи,
И не знает, отыщет ли где-то покой свой она.
Время тянется нитью, и посох стучит пилигрима,
Мир в себя погружён, всё заполнив вокруг тишиной,
И внезапно прозрев, ощущаешь так чётко и зримо,
Что теперь навсегда кипарисам остаться со мной...

THE BREATH OF PEACE

How nice is the morning, a new day kisses the earth,
But what a deep chasm has formed between us
And split our life into black and white.
I came back to the same azure bay
To look at the same soaring swallows.
How happy we were here many years ago!
I remember the same poppies on the same hills,
And the same smell of juniper bushes…
Why my heart trembles so quickly?
 I hear again the whisper of your lips.
Is that a breeze or your gentle breath?
Is that a blue sky or your blue eyes?
How painful is this remembrance!
Who decided to separate us?
I stay alone at the same place,
Where are you now, my love?

МИРНОЕ ДЫХАНИЕ

Ласкает утро тёплыми лучами,
Целует нежно землю новый день,
Какая пропасть пролегла меж нами,
Жизнь разом расколов на свет и тень.
Вернулся я к лазурному заливу,
Всё те же ласточки стремительно летят...
О, господи, как ты была счастлива
Вот здесь со мною много лет назад!
Всё те же маки по холмам алеют,
Томится тот же можжевелов куст,
Но отчего же сердце каменеет?
Я слышу шёпот тех зовущих уст.
Толь иетерок, толи твоё дыханье,
То ль неба синь иль просинь милых глаз?
Как нестерпима боль воспоминанья,
Иду по тропкам, где бродил не раз…
Кем уготована нам горечь расставанья,
Кто повелел сказать навек прощай?
К тебе один вернулся на свиданье
Теперь в такой далёкий крымский май.

WITHERED VIOLETS OF FORGOTTEN APRIL

Withered violets of forgotten April…
I cannot imagine that you are still alive in my memory.
I feel again the scent of my youth, I kiss again my girl!
Why this smell came back at the end of my life?
Withered violets of forgotten April…
Where are you, those wonderful days of spring!

УВЯДШИЕ ФИАЛКИ ЗАБЫТОГО АПРЕЛЯ

Увядшие фиалки забытого апреля,
Через завалы лет я к вам пробиваю путь,
Ужель ещё вы живы, я не могу поверить,
Ужель ваш запах нежный могу опять вдохнуть?
Из юности далёкой вы появились снова,
Вновь девичьи ладони готов расцеловать,
Стою и не припомню, какое ж было слово,
Единственное слово, что всё должно решать...
Увядшие фиалки, почти забытый запах,
Откуда он внезапно донёсся до меня,
Когда склонилось солнце уж далеко на запад,
Как душу взволновал мне он на закате дня!

FORGOTTEN HOME

When morning comes
The sunbeam illuminates the empty home
Where spider sits in the dark corner.
All space of my former home is full of sadness.
Only my empty soul wanders every night
Like a ghost inside of forgotten home…

ЗАБЫТЫЙ ДОМ

Когда утро наступает
И в пустой вползает дом,
Лучик солнца освещает
Тёмный угол с пауком.
Грустью воздух весь пропитан,
И в шкафу пылится том,
Всё прошло, всё позабыто,
Жизнь давно угасла в нём.
И душа в потёмках бродит
По ночам, как домовой,
Никого там не находит,
Потому что дом чужой...

MIDNIGHT

A busy day is over,
And a fearful darkness came back.
I feel myself like a needless dog,
My soul is worn down into a powder.
I am confined to bed and float slowly
And dream about the eccentricities of life...

ПОЛНОЧЬ

День утомлённый мирно отошёл,
Накатывает снова глыба мрака,
Лежу, как одинокая собака
С душою горестной, истёртой в порошок.
Плывёт кровать, за ней рабочий стол,
А вскоре и стола уже не стало,
Всё провалилось, лишь конец с началом
Вели спор жаркий, топая о пол...

AUTUMN WIND

Autumn wind has a very specific taste.
There is something wrong among yellowed limbs.
Perhaps it is still undisturbed an enigma of divine ties,
But nightingale does not sing anymore in the forest.
The sky becomes chilly, and the rain comes often.
Love is sometimes alive in reality and in the dreams.
Grey clouds run to the south rapidly,
And the flocks of cranes tell everything about nature…

ОСЕННИЙ ВЕТЕР

У осеннего ветра такой специфический вкус,
Что-то вдруг изменилось среди пожелтевших ветвей.
Пусть ещё не нарушена тайна божественных уз,
Только, видно, отпел свои песни в лесу соловей.
Небо стало холодным, и дождик всё чаще идёт,
А любовный озноб не уходит из яви и снов,
Тучки к югу бегут, а птиц перелётных отлёт
Говорит обо всём, и не нужно возвышенных слов...

REMEMRANCE REMAINS INTACT

My head became grey,
But I still remember the straw of my young hair.
I remember my childhood,
When I jumped through three steps of the stairway,
To be near your path, but you never glanced at me.
My heart was full of pain, but I vowed to be with you!
Now, before the sunset of life I cry again,
I remember the tortures of my young soul,
But I still believe in good luck,
And hope to reach *terra incognito* !

ЕЩЁ СВЕЖИ ВОСПОМИНАНЬЯ

Всю голову уже посеребрило,
Но в памяти всё держится упорно
Вихров солома, вечно непокорных,
О, господи, когда ж всё это было?
Далёкое я вспоминаю детство,
Взлетал, бывало, через три ступени
По лестнице, упав в изнеможеньи,
С тобой чтоб оказаться по соседству!
А ты плыла, не удостоив взглядом,
И сердце разрывалося от боли,
Но я, собрав в кулак мужскую волю,
Всё клялся, что с тобой останусь рядом.
Над той далёкой детскою тоскою
Теперь я, умудрённый жизнью, плачу,
Но как и прежде, верую в удачу,
Terra incognito я вижу за кормою.
И в сердце старческом, опять неустрашимом,
Морского ветра соль, пусть на мгновенье
Любовь тебе подарит наслажденье
И вознесёт к заоблачным вершинам!

MELANCHOLY

The moon hangs in the night sky
Like a brass plate near a drowsy river.
The moonbeam trembles, everything is in gaze,
I am like in somatic dream…
Where is my home, where is my star?
I look around to wait for miracle.
Perhaps somebody smart will explain us
Who we are, where are we from?

МЕЛАНХОЛИЯ

Пожелтело светило, тарелкой латунной
Неподвижно висит над уснувшей рекою,
Жизнь моя убегает дорожкою лунной,
Пропадает вдали за седой пеленою.
И как в детстве далёком, так всё незнакомо,
Словно в снах гипнотических, тает в тумане,
И давно уже нету родимого дома,
И звезды запоздалой угасло мерцанье.
Ветерком потянуло...Растерянным взглядом
Я на блики гляжу в ожидании чуда.
Может, кто-то разумный окажется рядом,
Может, всё объяснит: кто мы, где мы, откуда?

SECLUSION

Maybe you will remember by chance about me,
About that far away day, maybe you will remember,
How the waves tossed us.
Maybe you will remember that hot summer!
Or perhaps it is better to forget about everything.
I look sadly at the unknown stars in an alien night sky.
There is nothing more, but an eternal wandering
Among the shifting sands of endless time…

РАЗЛУКА

Быть может, вспомнишь обо мне
Случайно,
О том уже далёком дне
Печальном.
Быть может, вспомнишь, как волна
Качала,
И как уставшая луна
Молчала.
А впрочем, нет, не вспоминай
Лето,
Пусть навсегда уходит май
Этот.
Прошу, от тяжкого избавь
Вздоха.
Куда ни кинь, как ни поставь,
Плохо.
Чужие звёзды надо мной
Светят.
Песок скитаний, вечный зной,
Ветер...

REVELATION OF RAIN

There is a hidden kindness in the steady down pour,
An endless song of hidden sadness.
All colors are less intensive, and the horizon is hazy.
How silent is the steady down pour.
Droplets are knocking like a metronome.
There is no lightning, no thunderstorm.
This lazy, wholesome rain keeps the secrets of my heart
And gives me the chance to relax.
Everything disappears, everything is illusive,
Only you, rain, is my reality!

ОТКРОВЕНИЕ ДОЖДЯ

Есть в дожде затянувшемся скрытая ласка,
Бесконечный напев затаённой печали,
Всё расплывчато, смутно, приглушены краски,
И сливаются с небом размытые дали.
Затянувшийся дождь, обложной, молчаливый,
Кап...кап...Капли стучат метрономом,
Монотонную песню мурлычат сонливо,
Ни бушующей страсти, ни бурного грома...
О, мой дождь непрерывный, унылый, ленивый,
Мои тайны сердечные вечно хранящий,
Наполняющий влагою тучные нивы,
Всё проходит бесследно, лишь ты – настоящий!

WANDERING AMONG NOOKS AND CRANNIES OF MEMORY

Wandering among nooks and crannies of memory,
I came back to an old house in my memory.
Alas, all my beloved things were withered.
My Muse holds my hands and says nothing…

ПО ЗАКОУЛКАМ ПАМЯТИ БЛУЖДАЯ

По закоулкам памяти блуждая,
Я посещаю милый сердцу дом.
Увы, с щемящей грустью отмечаю,
Что было живо, пущено на слом!
А Муза строгая сидит у изголовья,
С сочувственной улыбкою глядит,
Всё держит за руку с заботливой любовью,
И ни о чём со мной не говорит...

MY OLD GARDEN, I CAME BACK

My old garden, I came back,
I feel forgotten aroma,
Excuse please my long absence.
I look at the old apple tree
With the name of my beloved girl,
Carved on the bark.
I remember your fragrant flowers,
My withered chrysanthemums.
Forgive all my sins, old garden,
I came back, you will be yet in blossom...

МОЙ СТАРЫЙ САД, К ТЕБЕ ОПЯТЬ ВЕРНУЛСЯ

Мой старый сад, к тебе опять вернулся,
Вдыхаю позабытый аромат,
Прости, что мой приход так затянулся,
Прости, что так заждался, старый сад.
Вот яблоня, когда-то вырезал
Я на стволе твоём любимой имя,
Здесь средь черешен весело играл
И наслаждался днями золотыми.
Здесь первые букеты собирал,
Какою нежностью тогда цветы дышали!
Их по дорогам жизни растерял,
И хризантемы отцвели, увяли.
За все грехи, мой старый сад, прости,
Я возвратился, побродив по свету,
Ещё тебе, мой старикан, цвести,
Поверь, ещё не отгорело лето...

OLD PARK

I see you again, my forgotten tree-lined walk.
Many years ago I wandered here with my beloved.
How many other aged people remember you?
Now the old park is submerged in silence…

СТАРЫЙ ПАРК

Шёл забытою аллеей,
Где гуляли мы вдвоём,
Где ступал, дышать не смея,
Но зацвёл наш водоём...
Столько ветров пролетело,
Сколько сломано стволов,
Голова вся поседела,
Сколько же седых голов
Вспоминают парк старинный,
Да златые времена?
Всё бредут аллеей длинной,
Где пугает тишина...

NEAR THE FIREPLACE

I sit near fireplace and look at the dancing flames.
Lonely dogs are barking far away…
Tell me, old man, what do you want from this life,
Why don't you sleep, day is dawning…

У КАМИНА

У камелька сижу я в полумраке,
Гляжу, как теплится неровный огонёк,
И лают одинокие собаки,
Ещё зарёй не тронуло восток...
Поленья гаснут, свет едва струится,
И мысли тягостные в голове бегут.
О, старики, ну что же вам не спится,
Чего ж ещё они от жизни ждут?

TWILIGHT

We divide our life into day and night.
But before night there is a special state
Of our soul, some kind of twilight,
When your heartbeat is like a wounded deer,
And cannot select yet between life and death…

СУМЕРКИ

Мы делим жизнь на ночь и день,
Когда день ясный умирает,
Бросает ночь косую тень,
И сумерки всё заполняют.
Вдруг сердце разом замирает,
Оно как раненый олень,
То задрожит, то затихает,
И смерть страшна, и жить нам лень...

I TELL GOODBYE TO FLOCKS OF CRANES

I tell goodbye to flocks of cranes.
Rainy days and long depressed nights
Will come very soon to beset with doubts,
Like Hamlet's torture: *to be or not to be*?

ПРОЩАЙТЕ, СТАИ ЖУРАВЛИНЫЕ

Прощайте, стаи журавлиные,
Наступят тусклые деньки,
Задует ветер, ночи длинные
Рвать сердце станут на куски.
Терзаться будешь ты сомненьями,
Как Гамлет, *быть или не быть*?
Скажите, как эти мучения
Душе смятенной пережить?

DON'T WORRY ABOUT ANYTHING

Don't cry, and don't worry about anything,
As *Sergey Esenin* said once.
Perhaps, your seeds will gather in harvest,
And maybe your song will reach an unknown heart.
Perhaps, someone will read your lines one day.
Don't cry, leave in peace the eternal life!

НЕ ЖАЛЕЙ, НЕ ПЛАЧЬ ТЫ НИ О ЧЁМ

Как говорил ещё *Сергей Есенин*,
Ты ни о чём не плачь и не жалей,
Взойдёт зерно, которое посеял,
Ещё зальётся песней соловей!
Никто ведь не рождён для жизни вечной,
И всех богатств в могилу не унесть,
Сказать по-честному, хотелось бы, конечно,
Чтоб кто-то строчки мог твои прочесть!

SILENT EVENING

Day passed away, and the fading purple sky
Tells again about transitory life.
Your soul is in bliss, but your body is in shackle.
It is time to say goodbye…

ТИХИЙ ВЕЧЕР

День отошёл, пурпура увяданье
О жизни бренности напоминает снова.
Душа блаженна, но ещё в оковах
Земное тело, тихий час прощанья.
Ещё ты полон сладостным томленьем,
Но понемногу все надежды тают,
Темнеют тучи, свет всё угасает,
Костра небесного усталое горенье...

IMMORTALITY

We are afraid of the *Judgment Day*,
We think where we'll be, in paradise or in hell?
The dream about immortality is lovely,
People need such kind of feeling.
It is known that Beauty governs the world,
And the temple of the Pure Art is so bright!
Apollo is gorgeous, for sure, and *quadrigas* are majestic!
But they will disappear as other ancient relics.
Only the moan will stay forever like pages of Eternal book.
Let's find something more important in our real life
Which you cannot carry into your grave,
And you become immortal in the memory of people!

БЕССМЕРТИЕ

Как все боимся мы *Судного Дня*,
Гадаем в одиночестве, поверьте,
То ль ангел в небо вознесёт меня,
То ли в аду огнём поджарят черти!
Блаженна ты, бессмертия мечта,
Душе нужны возвышенные чувства,
Известно: миром правит Красота,
И светел храм Высокого Искусства!
Но как бы ни хорош был *Аполлон*,
И как величественны бы ни были *квадриги*,
Они исчезнут, остаётся стон,
Страданья – вот страницы Вечной книги!
Бессмертие...Ну что о нём мечтать?
Давайте в жизнь попристальней вглядимся.
И если есть что людям рассказать,
Сойдя в могилу, снова возродимся!

PAIN OF OBLIVION

My soul is always in disturbance.
I am afraid that this moment
Will disappear without trace,
And all links of memory's chain
Will be broken forever...

БОЛЬ ЗАБВЕНИЯ

Я в вечном душевном смятеньи:
А вдруг сей минуты не станет,
Безвестною в вечности канет,
Рассыпятся памяти звенья.
Исчезнут навеки мгновенья,
Закаты уснут и рассветы,
Не будет лазурного света,
Развеется пепел забвенья...

REMEMBER

Remember sometimes about me!
Remember that wonderful May,
When we vowed to love each other!
Remember…Forgive me…Goodbye…

ПОМНИ

Помни, прошу, обо мне,
Хоть иногда вспоминай,
Помни безумный тот май,
Помни о сладостном сне.
Помни и не забывай,
Как в вечной любви клялись,
В последний разок приснись.
Помни… Прости…Прощай...

SILENT SEA

Silent sea, silent sea, how deceptive is your silence!
Tell me about your secrets, about the treacherous reefs,
About everyone who found the rest in your depths.
Tell me about your monotonous songs,
About the furious storms which tear apart your azure surface.
Tell me about life and death, about everything you know.
Oh, sea, how changeable you are!
Live long, sometimes remember about me.
Let your endless waves run which are as salty as tears.
Let me drink the full bowl of your joy and sorrow.

БЕЗМОЛВНОЕ МОРЕ

Безмолвное море, спокойное море,
О, как твой обманчив покой,
Скрываешь смятенье своё ты и горе,
Открой свои тайны, открой!
Ты мне расскажи про коварные рифы,
Про всех, кто нашёл здесь погост,
Пропой свою песнь, поделись со мной рифмой,
Когда налетает норд-ост.
Ты мне расскажи, как безумные смерчи
Терзают лазурную гладь,
Поведай, мне, море, о жизни и смерти,
Попробуй про всё рассказать.
Какое ж ты разное всё-таки, море,
Ласкает туман твою грудь,
Будь счастливо, море, гуляй на просторе,
Меня не забудь помянуть.
Пусть вечно бегут нескончаемы волны,
Пусть время плетёт свою нить,
Как слёзы людские, на вкус они солны,
Дай полную чашу испить!

I AM LOOKING FOR MY STAR

I am looking for my star feeling lonely.
If I cannot find it,
I will conceive an imaginary star,
And let it to shine to me.
I hope that my dim house
Will be illuminated again!

Я ВСЁ ИЩУ СВОЮ ЗВЕЗДУ

Я всё ищу свою звезду,
Ищу, тоскуя.
И если всё же не найду,
То нарисую
В воображениии своём,
Пускай мне светит,
Мой потемневший старый дом
Пусть станет светел!

32 **<u>Overcoming Sorrow</u>**

Chapter 2. LOVE

THE PITTER-PATTER OF RAIN

The pitter-patter of rain,
Drops are dancing on the street.
For God's sake, show at the lane
Where I can you meet.
Which that umbrella size
Hiding an unfamiliar face,
Melt your distrust's ice,
Give me a smile, Your Grace!
Where is that "Promised Land",
Which I hope to obtain?
Answer, my spoiled friend,
The pitter-patter of rain…

ДОЖДЬ ВЕСЕННИЙ СТУЧИТ

Дождь весенний стучит,
В стёкла рамы колотит,
Моё сердце молчит,
На каком повороте
Мне тебя повстречать,
Растопить недоверье,
Королевой назвать,
Распахнуть настежь двери!
Где же рай тот земной,
О котором мечтают?
Дождь прошёл стороной,
И асфальт просыхает...

HUMBLE LOVE

My love does not wear a golden garment,
She is dressed in common homely clothes,
But she helps to grow a nice garden
With my beloved gorgeous roses.
She is naïve, shy, meek and humble,
She gives the strength to live in silence.
My love is a reliable bumper
Against the rebellion and violence.
She brings the joy of early morning,
Gives me comfort when night is coming,
Without sadness, cry and mourning
I fall asleep, and she is humming…

СМИРЕННАЯ ЛЮБОВЬ

Она не носит золотой одежды,
Довольствуясь своим простым нарядом,
Но одаряет розами из сада
И озаряет лучиком надежды.
Она тиха, наивна и смиренна,
Полна блаженства, радости, покоя,
И хаос неустроенной вселенной
Её почти совсем не беспокоит.
Моя любовь приветливо встречает
Прохладу утра свежею улыбкой,
Кончину дня послушно провожает,
Когда всё неустойчиво и зыбко.
И в час ночной она опять приходит,
Я погружаюсь в тёплую волну,
Так тихо колыбельную заводит,
И тянет меня медленно ко сну...

GIVE ME A CHANCE!

Rain tap-taps on the roof,
Gently fall the bright tears.
Don't remain, please aloof,
Take my heart, it is here.
I like this silent rain,
God this weather conceived.
Don't pretend, do not feign,
I would like to be wreathed
By your beautiful arms
And your wonderful body,
Give a chance to embody
Into love all your charms!

ПОДАРИ МНЕ НАДЕЖДУ

Дождь по крыше стучит,
Слёзы капают с крыши,
Твоё сердце стучит
И не хочет услышать,
Что другая душа
Молча рядом страдает,
О, как ты хороша,
О тебе лишь мечтаю!
Вокруг шеи обвей
Лебединые руки,
Навсегда будь моей,
Отведи ада муки!

EARTH AND HEAVEN

I glance at the reddish straw of your hair,
You are the beautiful girl, my terrestrial creature,
Brightness of sun, rupture of spring air,
You have captured too much from generous nature.
I gaze into deep wells of your eyes,
I never get tired looking at the goddess,
I am ready to give you love's fire,
You are unforgettable, you are gorgeous.
I kiss ecstatically your ripe cherries,
I drink the sweet wine of your splendid body,
You are undoubtedly a mysterious fairy,
The revived *Galatea* of eternal melody!

ЗЕМЛЯ И НЕБО

Я гляжу на волос солому,
Только кажешься ты земною,
А спустилась из божьего дома,
И повеяло вновь весною!
Я смотрю в голубые колодцы
И никак не могу наглядеться,
Слышишь, сердце моё колотится,
Отдаю тебе верное сердце!
Я целую спелые вишни,
Галатею свою ласкаю,
О, спасибо тебе, Всевышний,
На земле Небеса открываю!

WAKE UP, MY LOVE, SPRINGKNOCKS AT THE DOOR!

Wake up, my love, spring knocks at the door,
Nature has suddenly changed,
Days became longer evermore,
Life is revived and arranged.
Every blade of grass sings by alto
In spring musical accord,
It deserves of the Golden Award
When it makes way through the asphalt.
Wake up, my love, it is spring again,
Look, your beautiful freckles
Are weaving an elegant necklace
Gathering together sunny droplets of rain.
Get up, and kiss me as before,
Let's drink again *Zinfandel* wine.
Wake up, my love, spring knocks at the door,
My gladness, you are divine!

ПРОСНИСЬ, МОЙ ДРУГ, СТУЧИТСЯ К НАМ ВЕСНА!

Проснись, мой друг, стучится к нам весна!
Природа вся внезапно изменилась,
Пригрело солнышко, и всё зашевелилось,
От зимнего едва очнувшись сна.
Как ухватить старается сполна
Былинка каждая живительную влагу,
Ей дать медаль бы нужно за отвагу,
Когда пробилась сквозь асфальт она.
Проснись, мой друг, стучится к нам весна!
А это значит, что твои веснушки
Каскадом солнц засветятся с подушки,
Когда ты встанешь, радости полна.
Проснись и будь навеки мне верна,
Люби меня, пусть кровь играет в жилах,
Пьяни, целуй, пока ещё мы живы,
Проснись, мой друг, стучится к нам весна!

THIRST FOR LOVE

Love runs like water through the fingers.
When will you stop this endless race,
And whose bosom will be your harbor?
Trust me, without you I am like fading star,
I am a dry bush among scorched-earth.
I was tired wandering all my life.
I am craving for your love!

ЖАЖДА ЛЮБВИ

Уходишь, как вода из-под ладоней,
Замедлишь ли когда-нибудь свой бег,
Отыщешь на груди ль заветный брег,
Кто твой избранник, кто в тебе утонет?
А я, поверь, без близости твоей
Звезда безвестная, лишённая сиянья,
Без твоего горячего дыханья
Сухой я куст средь выжженных полей.
Так напои его же поскорей,
Останови душевные страданья,
Я так устал от вечного скитанья,
Ты приголубь меня и отогрей!

THE FIRST KISS

There is the fresh fragrance of the first kiss,
It is the powerful flame that lights up your heart,
With unspeakable feeling, a miraculous bliss.
How pleasant are Cupid's dart!
The gorgeous gaze of beloved is shy,
Inviting lips are tremulous and wet.
Yellow moonlight from a glimmering sky
Weaves a glamorous attractive net.
The first kiss creates a magic vibration
And carries the lovers into a sweet dream.
It opens for souls a new sensation
That only love may forever redeem.
It is confluence of two fragrant blossoms
Toward the creation of new living being.
There is no more solitude, bosom to bosom,
A heavenly kingdom the first kiss will bring!

ПЕРВЫЙ ПОЦЕЛУЙ

Как описать блаженство поцелуя,
Когда Амура верная стрела
Настигло сердце, и оно ликует,
Любовь навеки свой огонь зажгла!
В ночи стыдливый взор твоей любимой,
И в ожиданьи трепет алых уст.
Под лунным светом замер каждый куст
И ждёт минуты той непоаторимой,
Когда весны томленья аромат
Слетит с небес и сладко прикоснётся,
Кровь забурлит, сердце твоё забьётся,
Алмазом редким заиграет клад.
Соединились нежности цветы,
И обжигает поцелуя пламя,
Любви нетленной заалело знамя,
Взлетели в небеса и Я и ТЫ!

REMEMBRANCE

I remember all your graceful gestures.
Your smile excited my imagination
Like the light of perfect crystal.
I gazed at you and trembled,
You were a goddess which I met at last!
I felt myself like a dandelion!
But later everything converted into nothing.
Now I don't know who you are and where you are.
Sometimes only your alluring glance
Slides into my memory like a slumbering breeze.

ВОСПОМИНАНИЕ

Твоё я помнил каждое движенье...
Как свет играет гранями кристалла,
Так ты улыбкой тонкою играла,
Воспламенив моё воображенье.
Пришло всё это, словно лёгкий трепет,
И разум плавился мой в радостном смятеньи,
Господь мне ниспослал благословенье,
Вот божество, которое я встретил!
Как одуванчик, жил одним мгновеньем,
Но всё закончилось, и память снова зыбка...
Кто ты, где ты? Только твоя улыбка
Скользнёт порой, как ветра дуновенье...

YOUR EYES

Your eyes look like a haze,
Your eyes look like fresh ripe grape.
I am ready all my life to gaze,
I am ready all my life to wait.
When your eyes will lose the sadness,
When tour eyes will tell: come and take,
When the love in your eyes will awake,
You'll be my forever, in grace and gladness!

ТВОИ ГЛАЗА

Твои глаза – туманов дали,
Вина игристого лоза,
В них зов любви и власть печали,
И тайн небесных бирюза.
Когда же их печаль покинет,
И позовёт любовь: приди,
Умру от счастья на груди
Моей возлюбленной богини!

TENDERNESS

I lie in drowsiness
And feel the warmth of your cheeks…
How long we searched for each other
To be lost in amorous languor,
How long I thought about that moment
When your tremendous arm
Would fire up the love in our home!

НЕЖНОСТЬ

Лежу в полудрёме,
Тепло ощущая щеки.
Как долго мы шли,
Чтоб забыться в любовной истоме.
Как долго я ждал,
Чтобы трепет твоей руки
Зажёг огонёк,
Поселившись в заброшенном доме!

IT IS RAINING...

It is raining, it is raining…
How endless is this rain!
Slanting streams spurt like twisted threads.
Bubbles are popping up in paddles.
Windows are full of endless tears.
Droplets fly monotonously,
My soul is longsome.
I cannot return my love…It is raining…

ДОЖДЬ ИДЁТ...

Дождь идёт, дождь идёт,
Дождь идёт, как наважденье,
Город словно в сновиденьи,
А вода всё льёт и льёт.
Бьёт струя косая, бьёт
Перекрученною нитью,
И в баюкающем ритме
Рифма мерная плывёт.
Дождь идёт, дождь идёт,
Пузыри по лужам скачут,
И слезами стёкла плачут,
Ничего душа не ждёт.
В монотонной томной лени
Капли мелкие летят,
Не вернуть любви назад,
Дождь идёт без просветленья...

REVIVAL

The dawn spread bunches of pink carnations in the sky.
The restless night with nightmares is over,
I am reborn anew!
How enchanting is the moment of restoration!
I take my flowers, run along the morning streets
And hope to meet you again, my beloved!

ВОЗРОЖДЕНИЕ

Заря охапку кинула гвоздик,
Их по небу небрежно разбросала,
И ночь с её кошмарами пропала,
Я радость возрождения постиг!
О, как пленителен надежды краткий миг,
Схватив букет, я мчусь по переулкам,
А сердце всё стучит мотором гулким,
И греет душу твой небесный лик!

MIRACLE

I want to keep you in my memory
As an unforgettable miracle.
You will be my holy talisman,
You will stay as a symbol
Of desirable, immortal flesh,
Like a torch of love.

ЧУДО

Я хочу, чтоб тебя, словно светлое чудо,
Берегла моя память и вечно хранила,
И пока не взяла нас сырая могила,
Я останусь с тобой и вовек не забуду.
Как святой талисман, ты повсюду со мною,
Остаёшься ты символом плоти нетленной,
Той любви негасимой и самозабвенной,
Что светить будет людям всегда под луною.

GHOST OF LOVE

Oh love! I try to catch you, but you slip away like a ghost.
I am sad but I don't want to look for another path.
My heart is full of bliss and torture.
I hate to be single one, the love gives me new strength.

ПРИЗРАК ЛЮБВИ

Любовь, любовь, гонюсь я за тобой,
А ты, как призрак, снова ускользаешь,
Меня ты одиноким оставляешь,
Так, видно, уготовано судьбой.
Но я дороги не ищу иной,
Сердце опять и любит, и страдает,
Разлуки жар по-прежнему съедает,
Так вот и маюсь всё в юдоли я земной.

TO MY UNKNOWN BELOVED

I write to you, my unknown beloved.
I'll bring my love to you from faraway past.
There are no such forces
Which stop my bright feeling.
I hope that at least one of my words
Will reach you and inflame your heart!

МОЕЙ МИЛОЙ НЕЗНАКОМКЕ

Пишу тебе я, незнакомке милой,
Несу любовь из глубины веков,
Пока что нет ещё таких оков
И нет такой ещё на свете силы,
Чтоб чувство светлое моё остановило.
Уверен я, хотя б одно из слов
Однажды явится к тебе из томных снов,
Чтоб сердце страстное твоё воспламенило!

I AM NOTHING WITHOUT YOU

I am blind without you,
I am in despair without you,
I am homeless without you,
Don't push me away,
Don't stop forever my dream.
Give me your languor love,
Let me become your rare flower,
Let me kiss your ruby lips!
Let me embrace your graceful figure,
Let me drink a desirable poison of your love!

БЕЗ ТЕБЯ Я НИКТО

Без тебя глаза мои стеклянны,
Нет в них света колдовских очей,
Без тебя тоскую постоянно,
Тяжек груз удушливых ночей.
Без тебя бродяга я бездомный,
Не гони и не гаси мечту,
Осени своей любовью томной,
И цветком я редким расцвету.
Дай упиться губ твоих рубином,
Дай скорее стройный стан обвить,
Насладиться запахом жасмина,
Дай мне сладкий яд любви испить!

ETERNAL DANCE OF LOVE

Eternal dance of love carries us over the earth.
Even humdrum existence will never stop this dance,
The blush in your cheeks will glow forever!
Nobody will break our intimacy!

ВЕЧНЫЙ ЛЮБОВНЫЙ ТАНЕЦ

Вечный любовный танец
Кружит нас над землёю,
Солнышка протуберанец
Светится над тобою.
Нудные, тусклые будни
Не остановят танец,
Будет, любимая, будет
Вечно гореть твой румянец!
И никакими ветрами
Не разорвать больше круга,
Пламень любви между нами,
Нет, нам не жить друг без друга!

BE NAKED

Be naked, opened like earth,
To show the essence of your sinful flesh.
Be like sleeping *Venus* wound around by grape-vines.
Relax, and let *Cupid* care about you
With a quiver full of sharp arrows.
Be ready to pierce the heart of everyone by swift arrow!

БУДЬ НАГОЮ

Будь нагою, как земля, открытой,
Чтобы проявилась плоти суть,
Чтоб как *Венера*, ты могла уснуть,
Лозою виноградною обвита.
Дыши ты негою, пусть *Купидона* свита
Свои колчаны стрелами набьёт,
По облакам рассядется и ждёт,
Чьё сердце будет первое пробито!

I KNEW ABOUT YOU BEFORE MY BIRTH

I knew about you before my birth.
I knew that your rose were in blossom.
I knew that we would meet each other
Before a shy word, before diffident glance.
I knew that a murmuring rivulet would run,
I knew that ivy would weave along my wall.
I knew all that before the horses
Carried swiftly the chariot of love!

Я ЗНАЛ О ТЕБЕ ДО ТОГО, КАК РОДИТЬСЯ

Я знал о тебе до того, как родиться,
До небытия, до жизни начала,
Я знал, твоя роза уже запылала,
Что сердце безвестное начало биться.
Я знал, суждено нам с тобой будет слиться
До робкого слова, несмелого взгляда,
Я знал, что со мной ты окажешься рядом,
Я знал, что ключу говорливому литься.
Я знал, что плющу по стене моей виться
Ещё до того, когда всё закипело,
И дрожь пробежала по юному телу,
А кони любви понесли колесницу!

UNREQUITED LOVE

You are full of secret desires of unrequited love.
Your face reflects the suffering of your soul.
Your eyes are faded, they lost the hope.
Your tortured lips are like a mirror of your hard life.
Every day you read your bitter novel
Wandering on tedious and dismal path…

НЕУТОЛЁННАЯ ЛЮБОВЬ

Идёшь ты, полна затаённых желаний
Неутолённой и жаждущей плоти,
И на лице отпечаток страданий,
Глаза отчуждённые, вы ещё ждёте.
Печаль на устах твоих, бледных, невинных,
Не обожжённых пожаром лобзаний,
На них не увидишь ты фальши гостиных,
Лишь горестный след постоянных терзаний.
Свою ты угрюмую повесть читаешь
О будничной жизни, нескладной, рутинной,
Ещё ты надежды пустые питаешь,
Но стелется путь, и унылый, и длинный...

DO YOU WANT A QUIET LOVE?

Do you want a quiet love
Without pain, without risk?
In that case you are dead,
Order your marble obelisk!
Do you want to be always right,
To keep your passion in prison?
Then the love exists for crazies,
But not for corpse!

ТЫ ХОЧЕШЬ ЛЮБВИ СПОКОЙНОЙ?

Ты хочешь любви спокойной,
Чтоб без ожога, без риска?
Тогда ты уже покойник
С мраморным обелиском.
Ты хочешь быть правым, разумным,
Чтоб страсть взаперти сидела?
Тогда любовь – для безумных,
А не для мёртвого тела!

I CREATED YOU, MY BELOVED!

I created you, my beloved!
I was so happy with you all the time and everywhere.
Your passion was desired, your love's wine was delicious!
You were my goddess! It is my fault, of course,
I cannot fall in love with *Galatea* whom I created!
Perhaps you are right, I cannot reach the eternal beauty!
Maybe I am too romantic, but otherwise
Our life would be too tedious!

ЛЮБИМАЯ, ТЕБЯ Я СОТВОРИЛ!

Любимая, тебя я сотворил!
Деньками летними, в унылое ненастье
Я был с тобою, я тебя любил,
И не было на свете больше счастья!
И не было безумней в мире страсти,
Хмельнее я не пробовал вина,
Я сердце от восторга рвал на части,
Мне для любви богиня ведь дана!
Конечно, есть здесь и моя вина,
Нельзя ж так *Галатеей* восторгаться,
Проснись, мой друг, ведь розовостью сна
В реальной жизни нам нельзя питаться?
Наверное, вы правы, может статься,
Что никогда я не достигну дна,
И мне навек романтиком остаться,
Иначе жизнь была бы так скучна!

SECRET VOW

I give to you my secret vow,
And I am glad to wear the chains of your love
Reading the rear book about our blissful years.
My love, you illuminate my path with a bright light,
You give me the roses of happiness!
I must use sonnet form to describe my feeling
And to do the job available only for God!
But I cannot find such titanic power,
Because I am only your courtier poet!

ТАЙНЫЙ ОБЕТ

Тебе даю я тайный свой обет,
Несу любви блаженные вериги,
Листаю я страницы редкой книги,
Сплетаю звенья в цепь счастливых лет.
Любимая, струишь ты ясный свет
И устилаешь розами дорогу,
К высокому прибегнуть должен слогу
И редкостный сложить тебе сонет,
Работу выполнить, доступную лишь Богу.
Сил у меня таких, конечно, нет,
Ведь я всего придворный твой поэт,
Не облачённый в царственную тогу!

Chapter 3. LIFE

THE LAW OF LIFE

How to find an unknown path?
The man wanders and cannot find
The mother's breast which feeds him.
He tries to learn and understand the laws,
But everything is in vain.
Why are we suffering and go back to the beginning?
The ungrateful nature takes revenge on man
And sends him every time into maze of unknown.
He is mortal but still does not know what life means.
The coast is in haze, where to sail?

ЗАКОН ЖИЗНИ

Как отыскать неведомые пути,
Идёт по жизни человек, петляя,
И всё-таки не в силах он найти
Грудь материнскую, которая питает.
Законы он пытается познать,
Старается чему-то научиться,
Да всё напрасно, для чего ж страдать,
На круги свои чтобы возвратиться?
Неблагодарная природа чем-то мстит,
По лабиринту человека водит,
А к ясности он так и не приходит,
Земля в тумане, так куда ж нам плыть?

A MOMENT BEFORE SUNSET

Your heart beats anxiously
Just at the moment before sunset,
When the expanse becomes dark,
The hills are hazy, the sun withdraws slowly…
The day passes away,
Everything becomes miraculous.
The hills disappear, the lonely stars shine.
You close the eyes mixing with dense fog...

ПРЕДЗАКАТНОЙ ПОРОЙ

Предзакатной порой, когда дали темнеют,
И лощины густой накрывает туман,
Солнце медленно тонет, и ветр леденеет,
Задыхается сердце, о жизни обман!
День угас, и вокруг всё так призрачно, странно,
Растворяются дали, и звёзды блеснули,
Ты глаза закрываешь, сливаясь с туманом,
Жизни дни пронеслись и навеки уснули...

THE NIGHT BIRD

What are you singing about, night bird?
Are you singing about fragrant roses in June?
How long are you going to tear the silence of moonlight?
Are you singing about eternal love?
Please, don't sing about sadness.
Love cannot die in April…

ВЕЧЕРНЯЯ ПТИЦА

О чём ты поёшь мне, вечерняя птица,
О рае небесном, о розах июня?
Как долго в ночи твоим песенкам литься
И рвать тишину серебра полнолунья?
О чём ты поёшь, о любви изначальной,
Со мной поделись соловьиною трелью,
О птица ночная, не пой о печальном,
Нельзя, чтоб любовь умирала в апреле...

I WALK AND WALK

I walk and walk trough the meadows and copses.
My heart still beats, but I cannot find peace anywhere.
I take close to my heart everything I met along my path.
I sing continuously about the severely wounded Earth.

КАК ДАВНО Я ТРОПОЮ СВОЕЮ ИДУ

Как давно я тропою своею иду,
По лугам, перелескам бреду неустанно,
Сердце всё ещё бьётся, однако, так странно,
Что покоя нигде я никак не найду.
И сливаясь со всем, что встречаю нежданно,
Я по полю усердно веду борозду,
Мои руки привычны к сохе и труду,
И о ранах Земли я пою постоянно.

THE TIME WILL COME, AND I'LL GO THERE

The time will come, and I'll go there,
To that place from where you'll never come back.
The last sunbeam will fade.
People will live as before but without me.
The withered *Damask rose* will die,
And my trace will disappear.
The bird will sing again,
Love and Beauty will stay forever.

ПРИДЁТ ПОРА, И Я УЙДУ ТУДА

Придёт пора, и я уйду туда,
Откуда никому уж нет возврата,
Прощальный луч печального заката
Угаснет над землёю навсегда.
И будут жить, как прежде, города,
Но тех, кто был любим, уже не станет,
И роза чайная засохнет и увянет,
И смоет след мой времени вода.
Уйду в тот мир, где правит пустота,
И где весною не звенят капели,
Поют пусть птицы, как и раньше пели,
И правит пусть Любовь и Красота!

STARS AND TEARS

Stars and tears, you are both night creatures,
You are enclosed in the same circle.
The life is like a faraway echo,
The beginning and the end are not exists anymore.
My path becomes a sadness of stars,
And my tears are scattered like stars in the night sky.

ЗВЁЗДЫ И СЛЁЗЫ

Звёзды и слёзы – созданья ночные,
Коснулись, слились вы внезапно друг с другом,
Не вырваться больше из общего круга,
И не разорвать нам объятья стальные.
Как эхо далёкое, жизнь прокатилась,
И нет впереди ни конца, ни начала,
Дорога моя болью звёздною стала,
И слёзная россыпь по небу разлилась.

RUN OF LIFE

Nobody knows where our life goes.
It runs away like a smiling girl,
Like a spring butterfly!
Everything changes so quickly:
Spring, summer, autumn, winter!
It is time to ask a sacramental question:
When your turn will come?

БЕГ ЖИЗНИ

Несётся жизнь неведомо куда,
Обманчиво улыбкою играя,
Как дева юная, красою увлекая,
Весенней бабочкой вспорхнёт, и нет следа!
Снега осели, талая вода
С холмов ручьями весело сбегает,
Мелькнуло лето, реки замерзают,
На ёлках инея седая борода.
Ползут по небу облаков стада,
Своей дорогой уплывая дальней,
И задаёшь вопрос сакраментальный:
Когда ж и твой придёт черёд, когда?

I WANT TO FIND MY QUIET PLACE

I want to find my quiet place like a burst of wind
Which lost its power, but I don't want to collapse.
I want to fall into dream like child hearing a rivulet
And seeing flowers in blossom.

ПОКОЙ СВОЙ ТИХИЙ Я ХОЧУ НАЙТИ

Покой свой тихий я хочу найти.
Так быстролётный ветер вдруг стихает,
Когда рванувшись, разом угасает
Он, силу потеряв на пол-пути.
Но в мир безмолвия я не хочу уйти,
Хочу уснуть блаженным сном ребёнка,
Чтоб в сладком сне журчали струи звонко
И розы продолжали чтоб цвести.

IT IS TOO LATE

How long I wandered in the darkness
To find my own path.
And just now I understood suddenly,
How wonderful is the life!
I saw a magic crystal of early spring
With first murmuring rivulets.
Nobody will stop this powerful run of life!
How colorful are the meadows,
How fresh is the spring air!
How interesting is my job!
Alas, it is too late…

СЛИШКОМ ПОЗДНО

Как долго в тусклом сумраке блуждал,
Ища свой путь, но проходили годы,
Когда однажды божий лик природы
Пред изумлённым взором вдруг предстал.
Весны волшебной заиграл кристалл,
И вешние забушевали воды,
Не отыскать в потоках бурных броду,
И не сдержать кипящей жизни вал!
Взглянув вокруг, внезапно осознал,
Как хороши цветочные узоры,
Легко так дышится, идёт работа споро,
О, сладкий миг! Увы, я опоздал...

VOLTAIR'S SMILE

Voltair's whimsical smile
Links joy and sadness,
The splendor of life,
And the coldness of grave,
The falsehood of futile hope,
The celestial joy,
Because we are still alive,
Because we are still trying to fly!

УЛЫБКА ВОЛЬТЕРА

Вольтера мудрая улыбка
Весёлость и печаль соединила,
И жизни блеск с холодностью могилы,
Надежды ложь, туманной, тщетной, зыбкой,
Святую радость оттого что живы,
Что вопреки бессмысленным усильям,
Мы вновь и вновь отращиваем крылья,
Что суждены благие нам порывы!

HOMELAND

I see you again, my gray feather grass!
I remember my old days
When we wandered along these ravines
To find crimson field tulips.
Where are you, my blooming childhood?
I walk along the road in the steppe
Looking at the amiable sunflowers
And hearing an incessant song of grasshoppers.
In the nearest copse the cuckoo counts my years…
Tell me, magic bird, how many?
Cry "cuckoo" as many as possible, don't be stingy!
Now every year becomes more valuable to me!

НА РОДИНЕ

На побывку к вам снова приехал,
Ковыли вы мои льняные,
И далёким откликнулись эхом
Те деньки, когда мы молодые
По холмам и по балкам бродили,
Да тюльпаны степные срывали,
Были ль дни эти или не были,
Если были, куда все пропали?
Я дорогой шагаю степною,
Мне головкой подсолнух кивает,
Ястреб в небе кружит надо мною,
По стерне перепёлки летают.
Неумолчный кузнечик стрекочет,
В перелеске кукушка кукует,
Сколько лет она мне напророчит?
Сердце бьётся, о детстве тоскуя...
Ворожи ты, кукуй, ворожея,
Каждый год для меня всё дороже,
Накукуй от души, не жалея,
Чтоб ещё хоть немножечко пожил!

SCARECROWS

Exhausted, downtrodden, we don't understand our fault.
They try to persuade that many scarecrows surround us.
The old rags flutter in the wind and scare us.
How alike are all scarecrows, you are blind creatures!
They try to torture to death free birds soaring in the sky!

ПУГАЛА

Измученные, загнанные в угол,
Не понимают, в чём же вся вина.
Их уверяют: дверь затворена,
Что в огороде слишком много пугал.
Тряпьё истлевшее всегда к вашим услугам,
И ночью тёмною, и рано поутру,
Пугая птиц, трепещет по ветру,
Как чучела похожи друг на друга!
Крестообразные безглазые уроды,
Стараются замучить вольных птиц,
Что в небе ясном кружат без границ,
В голубизне бездонной небосвода!

HOW LONG?

Our dream is dashed about along labyrinth of time.
It is darkness and deadlock again without hope.
You cannot unravel that cryptogram.
How long we will toil to learn this tiresome gamut?
Tell us, God, how long will continue our tortures?

КАК ДОЛГО?

Мечется наша мечта
По лабиринтам времени,
Снова тупик, пустота,
И беспросветность темени.
Мрак, и надежды нет,
Не разгадать криптограмму,
Сколько ж ещё нам лет
Разучивать нудные гаммы?
Долго ль, скажи, ещё ждать,
Пока не угаснут желанья,
Боже, неужто опять
Сквозь тернии и страданья?

I FEEL IN MY HEART THE RUN OF TIME

I feel in my heart the run of time and the order of constellations.
The universe is our common home where we will stay forever.
The universe is a special place for the reconstruction of everything.
Love weaves here her crown, and death's carriage is dragging along.

Я ЧУВСТВУЮ В СЕРДЦЕ СВОЁМ

Я чувствую в сердце своём
Бег времени, ритм созвездий,
Вселенная – общий наш дом,
Где быть навсегда нам вместе.
Старьё здесь пускают на слом,
Возводятся новые зданья,
Мы здесь родились и умрём,
И в этом секрет мирозданья.
Здесь мысли высокой полёт,
Здесь тянутся к знанью и свету,
Любовь здесь венок свой плетёт,
И тащится смерти карета...

SAGE

Oh man, you are a paradoxical creature.
You think that you are the navel of the world,
You are the root of the universe! You are so wise guy,
You know the laws of the nature!
But don't forget that all sages gathered together
For the general meeting in the house
Located six feet under the ground...

МУДРЕЦ

О, парадоксальное созданье,
Человек, придумавший свой мир
И решив, что он всему кумир,
Пуп земли и корень мирозданья!
Лишь ему пути открыты к знанью,
Он дорогой верною идёт,
Он-то знает, для чего живёт
И не станет агнцем для закланья!
Но как говорят, свежо преданье,
Только что-то верится с трудом,
В два аршина поджидает дом
Мудрецов на общее собранье...

SADNESS

It was the spring, and rivulets poured everywhere.
A simple melody sounded in my heart.
My soul was in bliss!
Oh, how often I remember those days of May…

ГРУСТЬ

Была весна, вода, играя,
Везде журчала,
Лилась, искрясь, и песнь простая
Во мне звучала.
Душа, в блаженстве замирая,
Ждала, молчала,
Была весна, начало мая,
Жизнь всё умчала...

LIFE'S DREAM

Our life is a continuous dream,
Sometimes anxious, sometimes sad.
It is combination of joy and despair,
Ecstasy and minutes of silence…

СОН ЖИЗНИ

Наша жизнь – это сон изначальный,
То тревожный, то светло-печальный,
То мы в радости, то в отчаянии,
То полёта восторг, то минута молчания...

NIGHT

Night, you bring a sweet illusion,
You evolve into a whirlpool.
I cannot believe you, but you attract,
I am again inside of your nets.
You bring sweetness and pain,
I am your prisoner forever.
Your quiver is full of love arrows!

НОЧЬ

О, ночь, несёшь ты сладостный обман,
В водоворота увлекаешь бездну,
Тебе, я знаю, верить бесполезно,
Но ты манишь, тобою снова пьян.
Коварная, души моей кальян,
Ты делаешь и сладко мне и больно,
Ты в плен взяла, я раб твой подневольный,
Неиссякаем стрел любви колчан!

NEW YEAR COMES...

Time runs so quickly,
The New Year comes again!
Oh, time, how to stop your race?
I don't want to be an exhausted horse!
I would like to be with you, my beloved,
I would like to live in peace once in a while.
I would like to become a part of your soul,
I would like to fall in love with you!

НОВЫЙ ГОД ОПЯТЬ ПРИХОДИТ...

Быстро время летит стрелой,
Неужели опять Новый Год?
Как замедлить мне времени ход,
И следы замести за собой?
Я хочу, чтобы кто-то другой
Загонял до мыла коня,
Чтобы нёсся он, шпорой звеня,
А мне время бы дал быть с тобой.
Чтоб одною шагать тропой,
Чтоб немного пожить в тиши,
Чтоб стать частью твоей души,
Чтоб в любовный уйти запой!

I DO MY JOB

I do my job because I like it.
I don't care about money,
I don't want to be famous.
I invite Muse in my home
To drink a sweet honey of pure poetry!
If you think that I am wrong,
I don't care, it is my path
Which I have chosen.
The die of the day is more important to me
Than bravura marches!

СВОЮ Я ДЕЛАЮ РАБОТУ

Свою я делаю работу
Не из-под палки иль кнута,
Так далека мне суета
И повседневные заботы!
Не ограничиваясь квотой
И не гоняясь за рублём,
Я приглашаю Музу в дом
Освободить от мёда соты.
Если не нравится вам что-то,
Я не в обиде, для меня
Важнее умиранье дня,
Чем марша бравурные ноты!

NEAR THE LAKE

The lake is covered by fog.
I sit near the campfire looking at a boiling pot.
How wonderful to escape from a stuffy city
And to forget of annoying guests.
How happy you are to sell all of them to hell,
To swim in the lake and to dry your wet pants.
How pleasant to lay down on the green grass
And to forget about all your problems!

У ОЗЕРА

На озере туман, еловое полено
Охвачено огнём, бушует котелок,
На волю вырвался из городского плена,
И ясных мыслей захватил поток!
О, как же хорошо собою оставаться,
Не тратить время на докучливых гостей,
Отправив всех к чертям, водою обливаться
И мокрые штаны сушить среди ветвей.
Не чувствовать часов безжалостного груза,
И не осознавать, как тяжек жизни путь,
А попросту лежать, подставив солнцу пузо,
И позабыв про всё, блаженным сном уснуть!

AUTUMN

Summer passed away,
Red and yellow autumn came.
The dense fog covered weeping willows.
Every moment is unforgettable, enjoy it!

ОСЕНЬ

Лета красного не стало,
Осень жаром запылала,
У развесистых ракит
По утрам туман лежит.
Каждый миг неповторим,
Так и мы, глядишь, сгорим!

"RED VIBURNUM" OF *VASILY SHUKSHIN*

"Red viburnum", you are bitter like life!
We remember you, *Vasily Shukshin*
You will live in our souls forever,
Like the great Russian writer and actor.
You healed us from the chronic illness,
You gave us hope, and the sadness retreated.
We did not solve yet our problems.
The forests are still covered by snow.
"Red viburnum" leads us through the chilly night,
Like the bright light of *Vega* star!

"КАЛИНА КРАСНАЯ"

"Калина красная" как жизнь сама, горька!
Запомнили тебя, *Шукшин Василий*,
Вошёл ты в душу просто, без усилий
И поселился в ней там на века.
Мозолистая, крепкая рука,
Вобравшая и радости, и горе,
От затяжной излечивает хвори,
И отступает тёмная тоска.
Пусть не достигли цели мы пока,
И дремлет тёмный бор ещё под снегом,
Сквозь холод ночи нас ведёт как *Вега*,
"Калина красная", что стала всем близка!

REVEAL, MY HEART, WITHOUT CONCEALING ANYTHING

Reveal, my heart, without concealing anything.
How to live if my head cannot understand
What happened in the world?
How to teach people to love instead to kill?
How to extinguish the "hot points"?
Would you like to explain,
Why do we prefer to die, instead to live?

БЕЗ УТАЙКИ ТЫ, СЕРДЦЕ, МНЕ ВСЁ РАССКАЖИ

Без утайки ты, сердце, мне всё расскажи,
Когда разум уже наш не в силах понять,
Как же дальше на белом-то свете нам жить,
Как любить научиться, а не убивать?
Неразумных соперников как нам разнять,
Как зарницы войны на земле погасить,
Неужель, человек, твой удел – умирать,
Неужели тебе надоело так жить?

LET US TALK SERIOUSLY WITH A SMILE

Let us talk seriously with a smile.
Life doesn't like dismal boredom.
Let us talk seriously with a smile
Because yawning may kill everybody.
Let us not divide everything
Only into black and white.
We may solve any problem,
If we will start to understand each other.

ДАВАЙ С УЛЫБКОЙ О СЕРЬЁЗНОМ ГОВОРИТЬ

Давай с улыбкой о серьёзном говорить,
Унылой скуки жизнь нам не прощает,
Лишь с носом умников тоскливых оставляет,
И лучше знает, как всё разрешить.
События не станем торопить,
Шутить всегда мы будем, размышляя,
Решать вопрос серьёзный, не зевая,
Ибо зевота может лишь убить!
На чёрное и белое делить
Мир никогда с тобою мы не будем.
И я надеюсь, что не позабудем:
Всё разрешимо, если не нудить!

CAFÉ "ESTERHASI"

Café "Esterhasi" is lost among
The crooked Moscow streets in China town.
I gaze at the woman in red dress who says in a whisper:
Let's drink again, our life worth nothing!
Try, my friend to eat something, drink your wine…
Don't be afraid of mistakes…
The ice is too thin, and you are frightened!
Life is difficult, but you don't understand anything.
A razor is not a joke for a lonely woman
Whose life is in the past…
Forgive us, God, save our souls…

КАФЕ "ESTERHASI"

Китай-город, и переулков лазейки,
Кафе "Esterhasi" на *Маросейке*.
Там женщина в красном мне шепчет: налей-ка,
Пей, милый, коль пьётся, жизнь наша – копейка!
Попробуй салатик, допей свою воду,
Что же, касатик, всё ищешь ты броду?
Боишься глубин, чтобы не оступиться,
По тонкому льду так легко провалиться!
Давай потолкуем, ты съешь бутербродик,
Судьба, брат, индейка, а ты – толстолобик!
А бритва остра, бритва – это не шутка,
Приходит пора, и становится жутко,
Когда за столом ты сидишь одиноко,
А там за окном жизнь несётся потоком!
Прости нас, Господь, успокой наши души,
Давай по последней рюмашке осушим...

DON'T CRY, MY BELOVED

Don't cry, my beloved, let me wipe your tears,
Let me dry your tiny droplets, don't cry, my beloved.
I'll keep in my memory forever your sad glance and quivering lips.
Everyone has a nice dream. How sweet are bunches of ripe grapes!
But yellow leaves will fall, and the newborn green leaves
Will become yellow again…Don't cry, my beloved.

НЕ НАДО, МИЛАЯ, ПЛАКАТЬ

Не надо, милая, плакать,
Дай вытру твои слезинки,
Твои осушу росинки,
Не надо, милая, плакать.
Взгляд любящий твой и печальный,
С нежностью и добротою,
Оставлю навек с собою
Во всех своих странствиях дальних.
Как грустно глаза глядели,
И так на душе было мутно,
В окошко царапалось утро,
Пока уста твои рдели.
Ведь каждый мечту лелеет,
Желанны так спелые кисти!
Осыпятся жёлтые листья,
Зелёные вновь пожелтеют…

NAMES

Oh, my God, our life is too short,
And you'll perhaps never understand
That your progeny will find you only by your name!
The life of a flower also is very short.
But if it has a name, everyone from East and West
Will find this beautiful flower named as Rose.
Our life is miraculous! Let's create our own *Names*,
And we will stay in the memories of future generations!

ИМЕНА

О, господи, жизнь наша коротка,
Едва ли успеваешь осознать:
По *Имени* тебя другим сыскать,
Хотя явился ты издалека.
Недолга жизнь под солнцем у цветка,
Но если назван *Именем* цветок,
Его найдёт и Запад, и Восток,
Он не умрёт, вот вам моя рука!
Пусть вашу душу не теснит тоска,
Жизнь нам, как чудо, лишь на миг дана,
Так сотворим свои мы *Имена*,
Бессмертной пусть останется строка!

THE TREE OF KNOWLEDGE

You who touched the Tree of Knowledge,
You who wandered along an unknown path,
You who asked God about the meaning of life,
You who looked into a window of the universe,
You who accumulated the huge information,
What did you find in your broken piggy bank?
You found there the sawdust instead of knowledge
About unpredictable life!

ДРЕВО ПОЗНАНИЯ

Ты, кто вкусил от Дерева Познанья,
Кто проходил не торною дорогой,
Кто говорил о смысле жизни с Богом,
Заглядывал в окошко мирозданья,
Казалось, злато мудрости в копилках,
Но время их безжалостно разбило,
И всё рассыпалось, что мудрость накопила,
От дерева остались лишь опилки!

OH, TREMBLING MUSE!

Oh, trembling Muse, you visited my dark corner.
I would like to hear your charming songs again.
I remember how we fell in love in my youth.
But time runs, and you becomes a little colder.
Alas, I changed also considerably now.
Even your pure voice gives me the new strength.
Thank you very much that you still remember me.
Let's carry together the torch of poetry!

О, МУЗА ТРЕПЕТНАЯ!

О, Муза трепетная, вновь ты посетила
Мой тёмный угол, снова мы с тобой,
Чарующую песнь свою пропой,
Как горячо когда-то ты любила!
Но время катится, немного поостыла,
Так ведь и я теперь совсем другой,
Хотя, признаться, томный голос твой
Мне придаёт и бодрости, и силы.
По свету долго нас судьба носила,
О многом людям можем рассказать,
Твоим словам возвышенным внимать
Средь серых будней ты меня учила.
Спасибо, что совсем не позабыла,
Огонь божественный державного венца
Неси торжественно до самого конца,
Бог даст, не всё уйдёт со мной в могилу...

A MOMENT OF THE HAPPINESS!

I am not afraid of thunder storms and thunder bursts,
I am afraid to lose my suitable words.
Sometimes I am so happy and fly like an albatross
When I find the proper verb of my poem!

О, СЧАСТЬЯ МИГ!

Нет, не раскаты громовые
Меня подъемлют и зовут,
Совсем не тучи грозовые
Меня пугают и гнетут.
Нет, не леса манят и долы,
И не вечерняя заря,
Неизречённые глаголы
Влекут мой барк через моря.
И я взмываю, с ветром споря,
О, счастья миг, открыл, нашёл,
Как альбатрос, парю над морем,
Вот он, божественный глагол!

SILENT TREE-LINED WALK

I go reluctantly along a silent tree-lined walk
Hearing the quiet whisper of old linden trees
And feeling that all ships were burn.
Everything is in the past, I'll never see you again.

БЕЗМОЛВНАЯ АЛЛЕЯ

По безмолвной аллее один я бреду,
Грустно шепчутся липы вдали,
Рубикон перейдён, сожжены корабли,
Я тебя никогда не найду...

ONLY THOSE WHO FELL IN LOVE CAN FLY

Only those who fell in love can fly.
People who are full of care,
Who are involved in toil,
Will never see the night in diamonds.
They will stay the slaves of humdrum reality,
They will never escape this hell.

ВЛЮБЛЁННЫМ ЛИШЬ ПОЗВОЛЕНО ЛЕТАТЬ

Влюблённым лишь позволено летать.
Тому ж, кто погружён в свои заботы,
Кто снонет век под тяжестью работы,
Тому небес алмазных не видать.
Бедняге некогда о них даже мечтать,
Ему удел известный уготован:
Цепями повседневности прикован,
Их никогда ему не разорвать.
Тоска, заботы, тесная кровать,
Из этого не выберется ада...
Пропустит рюмочку, вот вся его услада,
И осовев, завалится он спать.

HOW TO DESCRIBE THE BEAUTY?

How to describe the beauty which is like a fast wind?
It appears everywhere but you cannot catch her.
It is so incomprehensible.
Sometimes it looks like a sparkling spring,
Sometimes it is almost invisible,
But always full of celestial light!

КАК КРАСОТУ НАМ ОПИСАТЬ?

Как красоту нам описать?
Она как быстролётный ветер,
Всё вобрала в себя на свете,
Не изловить и не поймать
Её, она непостоянна,
Порою – буйная весна,
Порой – почти что не видна,
Но небесами осиянна!

GAMBLER

All my life I was a victim of fate.
My love stories were unhappy, as a rule.
I spent a lot of time looking for celestial love.
I tried to find an extraordinary treasure,
To cultivate the magnificent garden of poetry.
Unfortunately I lost everything,
I gambled away all my money.
But like an incorrigible gambler
I still believe in mystical love
Which ruined my life...

ИГРОК

Везде преследуемый роком,
Всегда в игре, пока был жив.
Любви восторженный порыв,
Как правило, выходит боком.
О, сколько чувств истратил даром,
Ища заговорённый клад,
Взрастить пытаясь дивный сад,
Сожгла всё страсть своим пожаром!
И проигравшись в пух и прах,
Ещё в успех упрямо верю,
Хотя давно закрыты двери,
И неминуемый ждёт крах...

THE NIGHT WANDERERS

Tell me, mysterious star,
Where is your chosen path?
Why are you twinkling me, why?
Who ordered to connect us?
Tell me, pale moon,
Why are you pensive this night?
Why is your fading light so melancholy,
It does not live me in peace.
Tell me, homeless weary wind,
Why are you still not asleep?
Calm down my exhausted soul,
Don't extinguish my candle…

НОЧНЫЕ СТРАННИКИ

Звезда далёкая, скажи,
Куда свой держишь путь,
Что ж ты мигаешь, расскажи,
В чём бренной жизни суть?
Ночная выплыла луна,
И свет свой бледный льёт,
Глядит задумчиво она,
Покоя не даёт.
Бездомный ветерок шальной,
Всё странствуешь в ночи,
Мою ты душу успокой,
Не погаси свечи...

EVERYTHING REPEATS LIKE AN ECHO

Stay without been seen, don't disturb this world,
Rustle among pine-trees like the wind,
Remember this moment forever,
Don't forget this lonesome leaf…
Why? What can we expect?
Afterwards, only repetition.
You will see the same pine-trees,
You will hear the same twitter of the birds,
The same sunrise and sunsets will come again.
Thank heaven for *Ariadn's* thread
Which still runs among the maze of life…

ВСЁ ПОВТОРЯЕТСЯ

Остановись и будь едва заметен,
Уклад не нарушая бытия,
Прошелести средь сосен, словно ветер,
Пусть след оставит здесь душа твоя.
Заомни мир, которого не стало,
Запомни этот одинокий лист...
А дальше что? А дальше – всё сначала,
Всё те же сосны, тот же птичий свист.
Где ж новое, ведь было это, было,
Ночь кончилась, и зорька занялась.
И так всё от рожденья до могилы,
Нить Ариадны не оборвалась...

MY POEMS...

You will find in my poems
A murmur of sleeping waters,
And the scent of elegant wisteria.
You will find there a virginal kiss
And an enigma of feminine enchantress.
You will find a carnival of the passion
And the charm of night,
Ecstatic eyes of eternal love.
In my poems there is an emptiness of seclusion,
And echo of far away past.
In me poems you will find the gospel truth
And the trembling words of my soul.

В МОИХ СТИХАХ...

В моих стихах журчанье сонных струй
И аромат изысканных глициний,
В них девственницы нежный поцелуй
И тайна чар влекущих женских линий!
В них многоцветья страсти карнавал,
В них обаянье и безумство ночи,
Любовь в них убивает наповал,
Огнём горят восторженные очи!
В моих стихах разлуки пустота,
В них отзвуки далёкого былого,
В моих стихах святая простота,
Живой воды трепещущее слово!

I WRITE IN MY OWN MANNER

I write in my own manner.
For me life is the miracle!
I grow poetical flowers in my garden.
I'll be glad to see anyone in my garden.
I hope he will enjoy the taste of my words.
Let his heart be joyful,
Let's the flowers be in blossom!
Let the magic flute play and angels soar…

Я СВОЕЙ ДОРОГОЮ ИДУ

Я своей дорогою иду,
Жизнь воспринимая, словно диво,
Расцвели цветы в моём саду,
В нём уютно, тихо и красиво.
Если в сад мой кто-то вдруг зайдёт,
Пусть он дышит ароматом слова,
От восторга сердце пусть замрёт,
Обретёт душа первооснову.
И среди блаженной красоты
Флейта пусть волшебная играет,
И не отцветают пусть цветы,
Ангелы пусть белые летают...

THROUGH BLISS AND TORTURE

Our hard way passes
Through bliss and torture,
Through meetings and separations,
And that is the essence of our life!
The same winds waft around us,
And we feel the smell of the same ancient herbs.
Men sow the wheat in the spring,
And gather in a harvest in the autumn.
It was repeated many times all the same,
Nevertheless you have a rare moment
When to stupor, to shiver
You grasped the essence of existence!

ЧЕРЕЗ ОЗАРЕНИЯ И МУКИ

Через озарения и муки
Проходит наш нелёгкий путь,
Через свиданья и разлуки,
И в этом, видно, жизни суть.
Над нами те же ветры веют,
И запах тех же древних трав,
Весной пшеницу люди сеют,
По осени её собрав.
Всё это было, только всё же
Тебе даётся редкий миг,
Когда до одури, до дрожи
Ты сущность бытия постиг!

ETERNAL BLISS

The sky is sprayed by blue color,
All permeated with light,
Just throw back your head
And keep in mind this moment!
Remember how the sunbeam fondles
Your face at the end of the summer,
Not dazzling and burning,
Filling your heart by pleasure...
You immerse yourself in this light,
Not knowing who you are and where you are,
Soul senses for years connected with fine thread.

ВЕЧНОЕ БЛАЖЕНСТВО

По небу такая разбрызгана синь,
Всё пропиталось светом,
Ты только голову запрокинь,
Запомни мгновение это!
Запомни как солнца ласкает луч
Лицо на закате лета,
Не ослепителен и не жгуч,
И сердце теплом согрето...
А ты погружаешься в этот свет,
Не ведая, кто ты и где ты,
Умом ощущая течение лет,
Тончайшею нитью продетой.

THE SECRET MAGIC OF LIGHT

Everything is permeated with secret magic light
That the sun shines into the space illuminating our planet.
Light is the great power of nature,
World of darkness rose from the cold grave, blue sky lit tent,
The light fell to the ground and crushed atoms, one by one.
Having tried a lot of combinations,
Infinitely tired, found still the gold,
He got the result of its operations.
Life born on Earth from something of a dead,
The soul comes to a standstill!
Light has a lot of work in the Milky Way,
But it knows in point of fact what to do perfectly!

ТАЙНАЯ МАГИЯ СВЕТА

Всё пронизано тайною магией света,
Что от Солнца струится в пустое пространство.
По орбите летит голубая планета
И кружит непрерывно в своём вечном танце.
Свет – великая сила прозревшей природы,
Мир из мрака восстал, из холодной могилы,
Голубым засветился шатёр небосвода,
Свет на землю упал, придавая ей силу.
И дробил он незримо за атомом атом,
Перепробовав множество всех комбинаций,
Бесконечно устав, отыскал всё же злато,
Получил результат он своих операций.
Родилась на Земле жизнь из мёртвого нечто,
От восторга душа замирает и тает...
Свету много работ на Пути своём Млечном,
Только дело своё, безусловно, он знает!

TERRESTRIAL BLESSING

You write the verse
When you cannot not to write,
When you are ready to cry:
O God, from where came this blessing?
When you don't know
From whence these first leaves came?
Spring is a miracle,
When everything is intertwined!
Once mixed paint
Meadows intricate carpet
Appeared like from a fairy tale.
Soul is in a silent stupor,
When the world can only sing,
A whole life is in ecstasy,
And before her death is powerless!

ЗЕМНАЯ БЛАГОДАТЬ

Стих пишется, когда не можешь,
Когда не волен не писать,
Когда готов воскликнуть, боже,
Откуда ж эта благодать?
Когда не ведаешь, откуда
Листочки клейкие взялись,
Весеннее явилось чудо,
И связи все переплелись!
Перемешались разом краски,
Лугов затейливый ковёр
Явился из волшебной сказки,
Ласкает глаз его узор.
Душа в немом оцепененьи,
Когда не может мир не петь,
А жизнь вся – самоупоенье,
И перед ней бессильна смерть!

SPRING

From where comes this spirit of spring,
This tireless current of life?
Nobody can stop this violent stream!
Under this pressure the buds
Wakes up from winter sleep,
Burst and give the first leaves.
Spring marches proudly!
A happy bird choirs
Voiced the animated forest,
The slopes of hills become green,
And you are happy looking into the blue sky.
Where it all came from?
You see the explosion of life each spring!
Who created this unknown wonder?

ВЕСНА

Откуда этот дух весенний,
Неутомимой жизни ток?
В безостановочном движеньи
Бурлит неистовый поток!
И под его напором почки,
От зимнего очнувшись сна,
Полопались, ползут листочки,
И гордо шествует весна!
А радостные птичьи хоры
Озвучили оживший лес,
Зазеленели косогоры,
И глаз ласкает синь небес.
Откуда всё взялось, откуда,
Взрыв жизни с каждою весной,
Кто сотворил всё это чудо,
Восторг небесно-голубой?

STOP, THE MOMENT IN A FLASH

Stop, the moment, in a flash,
Give a little rest to the time,
Yet I never discovered the secret of life,
Still unclear is seen my way.
Stop, the moment, in a flash,
Give me a sip of being to drink,
And let me cry from the delight!
Stop, the moment, in a flash,
You opened before my eyes like an expanse,
As an inspiration, as a heavenly face.
Stop, the moment, in a flash,
And sanctify the soul by beauty,
I do not know how long will live my verse,
But this moment will stay with me forever!

ОСТАНОВИСЬ, МГНОВЕНИЕ, НА МИГ

Остановись, мгновение, на миг,
Дай времени слегка передохнуть,
Ещё я тайну жизни не постиг,
Ещё неясным видится мой путь.
Остановись, мгновение, на миг,
Дай отхлебнуть глоточек бытия,
И дай исторгнуть мне восторга крик,
Когда предстану пред тобою я.
Остановись, мгновение, на миг,
Ты мне открылось как немой простор,
Как озаренье, как небесный лик,
Увиденный с вершины древних гор.
Остановись, мгновение, на миг,
И душу освяти своей красой,
Не знаю, долговечен ли мой стих,
Но ты навек останешься со мной!

HOLY WATER

I am working continuously day and night
Braking the road to the spring of Holy Water,
To permanently took away doubt of spirit from life,
To destroy forever my sorrow,
To save from the cold grave, to change the chaos,
And to find the power for the second wind!

СВЯТАЯ ВОДА

Тружусь я непрерывно день и ночь
И к роднику дорогу пробиваю,
Чтоб навсегда ушло из жизни прочь
Сомненье духа, чтоб вода святая
Болезнь мою навеки извела,
Уберегла от холода могилы,
Чтобы разрушить хаос помогла,
Чтоб новые она вдохнула силы!

YOU ARE WHOLE, YOU NEED ALL TO THE WORLD

Irrepressible thought tries to know
The universal laws of all being.
Stop and let the heart to hug
The quivering crown of living tree.
Stop for a moment, delight in silence,
Forget about higher intentions and purposes,
Only admire the full moon,
What is hidden among the spruces.
The veil of uncertainty is removed,
And my heart opens sacred beauty,
When you become involuntarily beauty.
And you feel a rush of love.
You are everything in this sublunary world,
Beside singing the nightingales,
And their warbles displaying the night air.
This endless song elevates you in heaven.
The world needs you all,
Let the tears of joy flow without limits!

ТЫ ЦЕЛОЕ, ТЫ НУЖЕН МИРУ ВЕСЬ

Мысль неуёмная пытается познать
Всего живущего всеобщие законы.
Остановись и сердцу дай обнять
Живого дерева трепещущую крону.
Остановись, упейся тишиной,
Забудь о высших замыслах и целях,
Лишь полюбуйся полною луной,
Что прячется украдкой в этих елях.
Завеса неизвестности снята,
И сердцу открывается святое,
Такая рядом дышит красота,
Что сам становишься невольно красотою.
И чувствуешь в себе прилив любви
Ты ко всему в этом подлунном мире,
А рядом подпевают содовьи,
Рулады выводя в ночном эфире.
И эта нескончаемая песнь
В небесные тебя возносит сферы,
Ты целое, ты нужен миру весь,
Пусть слёзы радости текут без всякой меры!

WHO CAN DO THE GREAT WORK?

To whom God tells to take a chisel,
To chop off all excess of marble block,
To carve immortal sample
Such a beauty, when you become speechless?
Who can catch the finest sense
For a line to be forever alive,
Who weave the broken thread
When stopped the communication between centuries?
Who can do the great work available only to the gods?
You or I, or someone else may say: "Open the door, *Sesame*!"

КОМУ ВЕЛИКАЯ РАБОТА ПО ПЛЕЧУ?

Кому велит Создатель взять резец,
Всё лишнее от мрамора отсечь,
Чтоб изваять бессмертный образец
Такой красы, когда теряешь речь?
Кто может смысл тончайший уловить,
Чтобы строка навеки ожила,
Кому сплести разорванную нить,
Что разом связь веков оборвала?
Кто справится с работою такой,
Доступною по силе лишь богам?
Ты или я, иль кто-нибудь другой
Сказать способен ли : "Сезам, откройся нам! "

SECRETS OF THE UNIVERSE

What kind of magnet drawn to a high?
We are all gazing at the sky, tirelessly,
And looking for that coveted star
That shines only to us.
One would think, that there are worlds,
From where we are unlikely to be visible,
Galaxy hosts of anyone not to consider,
We disappear, and they are immortal.
But if the stars stop flight,
Remove one link in the chain of cognition,
Universal connection terminates thread
And at once dissolve the universe!

ТАЙНА МИРОЗДАНИЯ

Какой магнит нас тянет в высоту?
Мы в небо всё глядим, не уставая,
И ищем ту заветную звезду,
Которая лишь только нам сияет.
Казалось бы, ну что с того, что есть
Миры, откуда вряд ли мы заметны,
Галактик сонмы никому не счесть,
Мы исчезаем, а они бессмертны.
Но если звёзд полёт остановить,
Одно звено извлечь в цепи познанья,
Всеобщей связи оборвётся нить,
И разом распадётся мирозданье!

POETRY

Before you, before me,
And tomorrow, when we will die,
Up to the Day of Judgment
Poetry will abide forever!
She lives in us eternally,
In its intimate space,
Flowing like holy water
Whirling in languid dance.
Poetry, like birds, live
In the garden of the primeval paradise,
Singing the songs and waiting
When your heart will be pleased ...
Our soul asks about this sacrament hour
And quietly cradling us in the celestial spheres.

ПОЭЗИЯ

Ещё до тебя, до меня,
И завтра, когда нас не будет,
До самого Судного Дня
Поэзия вечно пребудет!
Живёт она в нас навсегда,
В своём сокровенном пространстве,
Течёт как святая вода,
Кружится в томительном танце.
Стихи, словно птицы, живут
В саду первозданного рая,
Поют свои песни и ждут,
Когда твоё сердце растает...
И этого таинства час
Душа утомлённая просит,
И тихо баюкая нас,
В небесные сферы возносит.

I GROW MY VERBAL GARDEN

I grow my verbal garden,
Every year I select new seed.
My aim is to become the guardian
Of hard job I have done indeed.
I don't need any diamond or treasure,
I don't care for Golden Awards,
It will truly give me an immense pleasure,
If people will remember a couple of my words.

Я СЛОВЕСНЫЙ ЛЕЛЕЮ СВОЙ САД

Я словесный лелею свой сад,
Каждый год семена отбираю,
Никаких мне не нужно наград,
Я тружусь, поливаю, сажаю...
И когда-то, быть может, в мой сад
Забредут незнакомые люди,
Покопавшись, отыщут здесь клад,
И, бог даст, полиставши, полюбят.

BEAUTY

Are you happy watching the ballet "Swan Lake"?
Are you sad holding the withered roses?
Are you amazed looking at a wriggling snake?
How different are feelings that beauty arouses!
Beauty is phantom, a gem of your soul,
A domain for your heart, unforgettable sunshine?
A Roman amphora, a marvelous bowl
Filled with essence of old Italian wine.
Beauty is something exotic, unseen,
A magic connection of bliss and chord,
An exquisite play on a heavenly scene,
The perfect and crowning handwork of Lord!

КРАСОТА

"Лебединого озера" очарованье,
И бесшумной змеи грациозность движенья,
Свежесрезанной розы печаль увяданья,
Бесконечный поток красоты проявленья.
Красота, как фантом, как души украшенье,
Лучик света, желанная сердцу награда,
И как амфора Рима, в столетьях забвенья,
Сохраняет следы вин древнейших усладу.
Красота незаметна, но она, без сомненья,
Бесконечных открытий большая дорога,
Красота, как спектакль на прославленной сцене,
Как ручная работа Господа Бога!

BACKYARD SWING

Goodbye, cold winter, we welcome the spring.
Sparrows are chirping, the sky is so bright.
I hear the piercing scratch of backyard swing,
I watch the first swallow's fast flight.
How unusual the music of different noises,
When baby cries, and happy puppy barks,
Somewhere quack a clamorous ducks,
Crows are croaking, there are meowing voices...
But suddenly the sky becomes dark.
There is bright lightning, and the heavy fall of rain,
The mighty symphony of a thunderstorm's strain!
I am like *Noah* during the *Flood* in his *Ark*!
At last the downpour is finished, and rainbow's arc
Brings us into the delightful spring.
I hear twitter of birds, diamond droplets spark,
There is again the scratch of backyard swings...

ДВОРОВЫЕ КАЧЕЛИ

Как хорошо, что отмели метели,
Ласкает нас почти что летний зной,
Скрипят, скрипят дворовые качели,
И ласточки летают надо мной.
Плывут, плывут весенних звуков трели,
Ребёнок плачет, тявкает щенок,
Мяучит кошка, да скрипят качели,
Ворона каркает, усевшись на сучок...
А в небе кувыркаются раскаты,
Горят грозы шалавые глаза,
Упала с неба первая слеза, и полило,
Как будто из ушата!
Какая мощь! Симфония дождя
Потоком бурным захлестнула душу,
Подобно *Ною*, позабыл про сушу,
Разверзлись хляби, поглотив тебя!
Но вот дождь кончился, и радуг акварели
В умытом небе радостно горят,
Опять скрипят дворовые качели,
И капельки алмазные висят...

SILENCE

Silence…I am afraid to frighten away this silence.
The forest wakes up and looks around in surprise.
After the killing frost and a snowstorm's violence
The early spring days come with a clear sunrise.
It is fresh in my memory dreams of a long winter night,
The shivering trees stay under endless snowfalls.
But the spring breaks the chains of winter's might,
It is thawing slowly the icy snowballs…
Spring comes, and all life is full of glee,
Nature waits for a necessary quota.
But on the hill stands the lifeless oak-tree
And gloomily looks at his reflection in the water.
It grows side by side with a beloved rowanberry,
The beautiful tree with bright red hair.
Last summer she whispered: marry me, marry,
You will never forget our love affair!
They were delighted, but life is so fragile,
The rowanberry was broken by a terrible gust.
And suddenly vanished the happiness' isle,
A slight hope to live went into the dust…

ТИШИНА

Тишина…Не спугнуть бы такой тишины,
Просыпается лес и глядит удивлённо,
Дышит первыми днями, что солнцем полны,
Перед натиском жизни застыл напряжённо.
Как свежи ещё в памяти зимние сны,
И холодный озноб, и густые метели.
Только цепи опали, оковы слетели,
Пробудились и движутся соки весны!
Но стоит на пригорке, от всех в отдаленьи
Чёрный дуб, наклонившись над талой водой,
Равнодушно глядит на своё отраженье,
Одиноко застыл со своею бедой.
Налетел ураган, и рябина сломалась,
Что склонялась к нему, чтобы вечно любить.
Потянуло весной…Что же в жизни осталось?
Для чего пробужденье, зачем дальше жить?

THE LAST SONG

Dear Muse, I sing my last song.
I was sad and joyful in my life.
But as *Ecclesiastes* said: *"All is Vanity!"*
The moment comes to tell goodbye.
And let the water of time carries away
Everything that we collected together...

ПОСЛЕДНЯЯ ПЕСНЯ

Последнюю вам песню пропою,
Поэзия мне согревала душу,
О, Муза моя верная, послушай,
Пришла пора, я у черты стою.
Познал я радости и светлые печали,
Екклезиаст сказал ведь неспроста,
Что всё на свете – тлен и суета!
С тобою долго по свету шагали,
Но всё кончается, увы, и мы устали,
Наш пробил час, простимся навсегда!
И пусть уносит времени вода,
Что долго так по крохам собирали...

ABOUT THE AUTHOR

Dr. Adolf P. Shvedchikov, PhD, LittD (RUSSIA)
Email: adolfps@gmail.com

Russian scientist, poet and translator
Born May 11, 1937, Shakhty, Russia. Graduate 1960, Moscow State University.

Senior scientist at the Institute of Chemical Physics, Russian Academy of Sciences, Moscow.

Chief of Chemistry Deparment, Pulsatron Technology Corporation, Los Angeles, California, U.S.A.

He published more than 150 scientific papers and about 500 poems in different International Magazines of Poetry in Russia,U.S.A., Brazil, India, China, Korea, Japan, Italy, Malta, Spain, France, Greece, England and Australia.

He published also 13 books of poetry. His poems have been translated into Italian, Spanish, Portuguese, Greek, Chinese, Japanese, and Hindi languages.

He is a member of the International Society of Poets, World Congress of Poets, International Association of Writers and Artists, A. L. I. A. S. (Associazione Letteraria Italo-Australiana Scrittori, Melbourne, Australia).

Adolf P. Shvedchikov is known also for his translations of English poetry

- "150 English Sonnets of XVI-XIX Centuries", Moscow, 1992.
- "William Shakespeare. Sonnets." Moscow, 1996

as well as translations of many modern poets from, Brazil, India, Italy, Greece, U.S.A., England, China and Japan.

ОБ АВТОРЕ

Адольф Павлович Шведчиков
Российский учёный, поэт и переводчик

Родился 11 мая 1937 года в г. Шахты, Россия. В 1960 году окончил Московский государственный университет. Старший научный сотрудник Института химической физики Российской Академии наук, Москва.

Главный химик фирмы Pulsatron Technology Corporation, Los Angeles, California, U.S.A.

Им опубликовано свыше 150 научных статей и около 500 стихов в различных поэтических журналах России, США, Бразилии, Индии, Китая, Кореи, Японии, Мальты, Италии, Испании, Франции, Греции, Румынии, Албании, Англии и Австралии.

Он автор 13 книг. Его стихи переведены на многие языки мира: английский, немецкий, французский, испанский, португальский, итальянский, греческий, румынский, албанский, японский, китайский и хинди.

Он является членом Международного Общества поэтов, Всемирного Конгресса поэтов, Международной Ассоциации писателей и художников, Литературной Итало-Австралийской Ассоциации (Мельбурн, Австралия).

Адольф Шведчиков известен также переводами английской поэзии:
- "150 английских сонетов XVI-IX веков", Москва, 1992.
- "Уильям Шекспир. Сонеты", Москва, 1996,

а также переводами многих современных поэтов Англии, Бразилии, Индии, Италии, Греции, США, Китая и Японии.

Books of Dr. Adolf P. Shvedchikov, PhD

1."I am an eternal child of spring" (English / Italian / French/ German / Spanish / Russian), 270 pages, ISBN: 978-1475085358, 2012, U.S.A.

2. "Life's Enigma" (English / Italian / Russian), 304 pages. ISBN: 978-1477417355, 2012, U.S.A.

3. "Everyone wants to be happy" (English / Spanish / Russian), 185 pages. ISBN: 978-1477559079, 2012, U.S.A.

4. "My Life, My love" (English, Italian, Russian), 197 pages. ISBN: 978-1478166566, 2012, U.S.A.

5. "I am the gardener of love" (English/Russian), 229 pages. ISBN: 978-1481057370, 2012, U.S.A.

6. "Slalom of Life" (English/ Russian),72 pages. ISBN: 978-0935047743, 2012, U.S.A.

7. "Illusory silence" (Romanian, English/ Russian), 75 pages. ISBN: 978-1599732664, 2012, U.S.A.

8. "Breath of eternity" (English/ Russian), 75 pages. ISBN: 978-1599732619, 2012, U.S.A.

9. "Amaretta di Saronno" (English/Russian), 250 pages. ISBN: 978-1481291514, 2012, U.S.A.

10. "Angel Celestial, Angel Terrestrial" (Russian), 50 pages. ISBN: 978- 1599731506, 2011, U.S.A.

11. "The Rainbow" (English/Greek/ Russian), 324 pages. ISBN: 978-9963668311, 2011, Cyprus.

12. "Love for all ages" (English/Chinese), 185 pages. ISBN: 978-9862218174, 2011, Taiwan.

13. "One Hundred and One Poems" (Chinese), 139 pages. ISBN: 978-986-221-331-5, 2010,Taiwan.

14. "A Russian Rediscovers America" (English/Russian.121 pages. ISBN: 978-0981730066, 2013, USA)

15. "Parade of Life" (English/Russian. 239 pages. ISBN: 978-0981730097, 2013, USA)

Table of Contents

www.ingramcontent.com/pod-product-compliance
Lightning Source LLC
La Vergne TN
LVHW021513080426
835509LV00018B/2502